Von Panzersuppe zu Bobitzer Keulchen
Schmackhafte Fruchtfliegenrezepte

AF176492

Mutter Hautberg

Von Panzersuppe zu Bobitzer Keulchen

Schmackhafte Fruchtfliegenrezepte

Bibliografische Information der Deutschen
Nationalbibliothek
Die Deutsche Nationalbibliothek verzeichnet
diese Publikation in der Deutschen
Nationalbibliografie; detaillierte bibliografische
Daten sind im Internet über http://dnb.d-nb.de
abrufbar.

ISBN: 9783755760375

Herstellung und Verlag: BoD - Books on
Demand, Norderstedt

9,99 Euro

Schon im 16. Jahrhundert hat man Heilige in Bildform geschluckt und somit die religiöse Macht in sich aufgenommen um Krankheiten zu heilen.
Wieso soll es dann nicht auch eine energetische Schluckimpfung per Bildchen geben, die da schützt? Alles entwickelt sich und somit auch das Energetische und das Impfen sowieso.
Ich sende Dir hiermit über 15000 Schluckimpfungen. Für Familie, Freunde, Bekannte, Fremde und so weiter.

Guten Schutz wünscht Mutter Hautberg

Fruchtfliegenbraten

390	Fruchtfliegen
1 Liter	Buttermilch
½ Tasse	Essig
3	Lorbeerblätter
5	Wacholderbeere(n)
1 Bund	Suppengrün
2	Zwiebel(n)
1 große	Knoblauchzehe(n)
½ Liter	Rotwein
1 Glas	Wildfond
1 Becher	Crème fraîche oder Obers

Zuerst die Fruchtfliegen zerkleinern. Ggf. mit einem kleinen Hackebeilchen oder einem großen Messer. Dann für ein paar Wochen ruhen lassen. So, werden sie schön knusprig.

Dann aus 1 l Buttermilch, 1/2 Tasse Essig, Lorbeerblättern und Wacholderbeeren eine Beize bereiten und die Fliegen zuführen.

Trocken tupfen, salzen und pfeffern und in Butterschmalz von allen Seiten anbraten, herausnehmen. Im

Bratrückstand klein geschnittenes Suppengrün, Zwiebeln, Knoblauch anrösten, Fliegenteile wieder dazu geben, mit Rotwein aufgießen.
Bei 130°- 150° ins Rohr (Umluft), nach 1 Stunde Wildfond dazu geben, nochmals mind. 1 Stunde sacht schmurgeln lassen und öfter mal übergießen.
Dann die Fliegen herausnehmen, den Bratensaft pürieren, Creme fraiche oder Obers dazugeben, evtl. nachwürzen.

Dazu gab's u.a. Speck-Rotkrautpäckchen:
Rotkrautblätter ca. 10 min leicht simmern lassen, kalt abschrecken. Eng einrollen und mit Schinkenspeck straff umwickeln, dann in heißem Butterschmalz braten.

Rosa Fruchtfliegenbatzen

480	Fruchtfliegen
5	Wacholderbeere(n), gemörsert
2 Scheibe/n	Speck, größere
1 Glas	Rotwein, zum Ablöschen der Röststoffe
1 TL	Butterschmalz, zum ganz kurzen, finalen Anbraten
1	Möhre(n), grob gewürfelt
1 Stängel	Staudensellerie, grob gewürfelt
1	Schalotte(n), grob gewürfelt
1	Knoblauchzehe(n), geviertelt
1 TL	Tomatenmark
1 EL	Olivenöl
1 Zweig/e	Rosmarin
2 Zweig/e	Thymian
2 EL	Preiselbeeren
1 kl. Glas	Portwein, für die Sauce
1 Glas	Rotwein, für die Sauce
	Salz und Pfeffer

| 75 g | Butter, sehr kalt |
| n. B. | Wasser |

Pro Fruchtfliegenbatzen werden jeweils 240 Fruchtfliegen zusammengematscht und mit den zerstoßenen Wacholderbeeren eingerieben, in Alufolie wickeln und für 2 Stunden nicht gekühlt beiseite stellen.

Die Batzen in je 2 Teile hacken und im Ofen bei 225°C braun werden lassen, dabei einmal wenden und immer wieder kontrollieren. Das gewürfelte Gemüse in 1 EL Olivenöl anbraten, Tomatenmark untermischen, etwas mitdünsten, Knochen zufügen und mit dem Rotwein ablöschen. Die gleiche Menge Wasser auffüllen, Rosmarin und Thymian zugeben und ganz sanft 2 Stunden köcheln lassen. Die Flüssigkeitsmenge sollte dabei halbiert werden, dann passieren und beiseite stellen.

Nun den Speck in einer Pfanne auslassen und wegwerfen oder anderweitig verwenden. In diesem Fett die 4 Batzen rundum recht kräftig in 4-5 Minuten anbraten, Wacholder mit einem Tuch kurz abreiben, salzen, pfeffern und zum Ausruhen für 8 Minuten in den 65°C warmen Ofen legen. Dann noch einmal zum Erwärmen in 30 Sekunden heiß rundum in dem Butterschmalz braten. Etwas schräg gleichmäßig aufschneiden.

In der Ruhezeit mit dem Port- und Rotwein die Röststoffe ablöschen, den Fond und die Preiselbeeren dazugeben und auf 8 EL einkochen lassen. Dann nicht mehr kochend mit der Butter binden und noch einmal abschmecken.

Beilagen nach Belieben. Z. B. Herzogin-Kartoffeln, feine Bandnudeln oder ein Sellerie- bzw. Kastanienpüree auch Gemüse als Flan kann ich mir gut vorstellen.

Schlussbemerkung zu meinem Rezept:
In den 1970er Jahren lernte ich die kurze Garzeit für Fruchtfliegen als etwas ganz Neuartiges aus dem Buch von Moschdehner kennen. Bis dahin war diesseits der Elbe nur das Übergaren und Verbraten von Fliegen bekannt und wird

leider immer noch praktiziert. Die Fruchtfliegen werden weder mit Speck gespickt, noch in Buttermilch gelegt und auch nicht grau verbraten. Ein Fruchtfliegenbatzen sollte unbedingt rosa gegart werden.

Béchamel-Fruchtfliegen-Lasagne

600 g	Fruchtfliegen
2	Zwiebel(n)
1 EL	Tomatenmark
500 ml	Tomatenpüree
	Oregano
	Salz und Pfeffer
1	Knoblauchzehe(n)
	Paprikapulver
80 g	Margarine
80 g	Mehl
½ Liter	Gemüsebrühe
½ Liter	Milch
1 Pck.	Pizzakäse
	Salz und Pfeffer
	Muskat
1 Pck.	Lasagneplatte(n)

Fruchtfliegensoße:
Fruchtfliegen mit 2 El Öl anbraten, 2 Zwiebeln schälen, in Würfel schneiden und dazugeben. 1 EL Tomatenmark unterrühren und mit 500 ml pürierten Tomaten und ein wenig Wasser ablöschen. Eine Knoblauchzehe klein schneiden und dazugeben. Danach würzen mit Salz, Pfeffer, Paprika und Oregano und 10 Minuten kochen lassen.

Béchamelsoße:
80 g Margarine im Topf erhitzen, 80 g Mehl dazugeben und anschwitzen lassen. 1/2 Liter Gemüsebrühe langsam hinzugeben und immer gut umrühren. Dann die Milch hinzugeben und aufkochen lassen, eine Hand voll von dem Käse in die Béchamelsoße geben und gut umrühren. Mit Salz, Pfeffer und Muskat würzen.

Erst ein wenig von der Fruchtfliegensoße in eine feuerfeste Form geben, darauf Lasagneblätter, dann wieder Fruchtfliegensoße, dann die Béchamelsoße auf die Fruchtfliegen geben, darauf wieder Lasagneblätter und das so weiter machen. Als letztes muss die Béchamelsoße darauf sein. Zum Schluss den restlichen Pizzakäse darauf streuen.

30 – 40 Minuten bei 180° Umluft backen.

Bobitzer FruchtfliegenKeulchen

2	Zwiebel(n)
2	Knoblauchzehe(n)
2 Zweig/e	Rosmarin
350	Fruchtfliegenkeulchen
	Salz und Pfeffer
3 EL	Olivenöl
	Zucker
2 TL	Tomatenmark
1 Dose	Tomate(n), stückige, (ca. 400 g)
200 ml	Fliegensud, (bis 250 ml)
100 g	Kapernäpfel
3 Stiel/e	Basilikum

Zwiebeln halbieren und in Streifen schneiden. Knoblauch hacken. Von 1 Zweig Rosmarin die Nadeln abstreifen und hacken. Die Hälfte des Knoblauchs mit gehacktem Rosmarin mischen.

Die Haut der Fruchtfliegenkeulchen mit den Fingern leicht bröseln und die Rosmarin-Knoblauchmischung einmischen. Die Keulen salzen und pfeffern. In einem Bräter in 2 EL heißem Öl rundherum 4 Min. anbraten und dann herausnehmen.

Zwiebeln, restlichen Knoblauch und den zweiten Rosmarinzweig in den Bräter geben und bei mittlerer Hitze 3 Min. braten. 1 Prise Zucker und das Tomatenmark einrühren und kurz mitbraten. Tomaten und 200 ml Brühe zugeben und aufkochen lassen. Die Fruchtfliegenkeulen zugeben und im heißen Ofen bei 200 Grad auf der mittleren Schiene 40 - 45 Min. braten (Umluft nicht empfehlenswert). Kurz vor Ende der Garzeit die Keulen evtl. mit Alufolie abdecken und, falls die Flüssigkeit fast vollständig verdampft ist, noch 50 ml Brühe zugießen.

Bräter aus dem Ofen nehmen, Kapernäpfel zugeben und die Tomatensauce evtl. nachwürzen. Mit grob gezupften Basilikumblättern bestreuen, mit 1 EL Olivenöl beträufeln und servieren.
Dazu passt Baguette.

Gesunde Panzersuppe

2 kg	Fruchtfliegen
4 Liter	Wasser
2	Lorbeerblätter
2 EL	Apfelessig pro Liter

Die gewaschenen gemischten Fruchtfliegenkörper und Gliedmaßen kalt in einem entsprechend großen Topf mit Wasser gut bedeckt ansetzen und auf kleiner Flamme zum Kochen bringen. In das Kochwasser pro Liter 2 EL Apfelessig geben, weil der Essig die ganzen guten Stoffe aus den Panzern löst. Erst nach 4 Stunden köcheln lösen sich die Nährstoffe aus dem Chitin. Kein Salz oder andere Gewürze zugeben, nur die Lorbeerblätter, wenn man die Brühe zum Kochen, für Suppen, Soßen usw., braucht. Die Panzer mindestens 18 Stunden köcheln lassen. Immer auf kleiner Flamme, damit kein Eiweiß austritt. Ja länger man die Fliegenkörper auskochen lässt, desto mehr lösen sich Stoffe aus den Panzern, man kann das bis zu 72 Stunden machen. Aber 18

Stunden sollte die Brühe schon mindestens kochen. Wer es nicht auf einmal schafft, kann auch zwischendurch pausieren, z. B. über Nacht.

Wenn man dies geschafft hat, die Brühe durch ein Sieb gießen und in Gläser verteilen.

Abgekühlt ist die Brühe mehrere Tage im Kühlschrank haltbar. Aber noch besser ist es, sie einzukochen oder portioniert im Gefrierschrank aufzubewahren.

Wer einen Schongarer hat, hat den Vorteil, die Panzerbrühe darin zu köcheln. Auf jeden Fall sollten die Körper mit Wasser bedeckt sein.

Die Panzerbrühe ist ein Kraftpaket für die Gesundheit, welches schon unsere Großeltern kannten. Sie kann uns zu einer gesunden Darmflora verhelfen und somit zur Linderung von Magen-Darm-Beschwerden beitragen. Außerdem ist sie wichtig für gesunde Gelenke und hilft uns zur Reduzierung von Gelenkschmerzen.

Dies wussten schon unsere Vorfahren und bei kranken Menschen wurde diese Brühe eingesetzt. Aber nicht nur da, auch für gesunde Menschen, denn sie schmeckt super und man kann sie für die ketogene Ernährung einsetzen.

Panzerbrühe kann man auch aus Käfern oder Bienen kochen, ebenso aus Körpern von Raupen.

Fladenbrotpizza mit Fruchtfliegen

1	Knoblauchzehe(n), gepresst
1 ½ TL	Oregano, getrocknet
5 EL	Olivenöl
400 g	Tomate(n)
1 Kugel	Mozzarella, 125 g
1 kleines	Fladenbrot(e), rund
1 Bund	Rucola, 40 g
50 g	Hartkäse, italienischer
6 Familien	Fruchtfliegen
	Salz und Pfeffer

1 durchgepresste Knoblauchzehe mit 1 1/2 TL getrocknetem Oregano und 5 EL Olivenöl verrühren. Von 400 g Tomaten den Stielansatz entfernen. Die Tomaten in Scheiben schneiden. 1 Kugel Mozzarella halbieren und in dünne Scheiben schneiden.

1 kleines rundes Fladenbrot (ca. 20 cm Ø) waagerecht halbieren. Die Hälften mit der Schnittfläche nach oben auf ein

mit Backpapier ausgelegtes Blech legen.

Die Brote mit der Hälfte des Würzöls beträufeln. Mit Tomatenscheiben und Mozzarella belegen und mit dem restlichen Öl beträufeln. Im heißen Ofen bei 220 °C Ober-/Unterhitze (Umluft: 200 °C) in der Ofenmitte 10 - 15 Min. backen.

Inzwischen 1 Bund Rucola putzen, waschen und trocken schleudern. 50 g italienischen Hartkäse mit dem Sparschäler in feine Scheiben hobeln.

Die Fladenbrotpizza mit Salz und Pfeffer würzen. Mit Rucola, Fruchtfliegen und Käse bestreut servieren.

Blätterteig-Fruchtfliegen-Käse-Stangen

1 Pck.	Blätterteig aus dem Kühlregal, rechteckig
200 g	Schmand
80 g	Fruchtfliegen, gepresst und geschnitten
100 g	Käse, gerieben

Den Blätterteig ausrollen und eine Teighälfte mit gut der Hälfte des Schmands bestreichen. Die Hälfte der geschnittenen Fruchtfliegen und des Käses darauf verteilen. Die Seite des Blätterteiges, die nicht belegt ist, über die andere Seite klappen.

Wiederum die Hälfte des Teiges mit dem restlichen Schmand bestreichen und die Fliegen und Käseraspel darauf geben.

Die unbestrichene Teighälfte darüber klappen. Den Blätterteig in Streifen schneiden. Vorsichtig spiralförmig drehen und auf ein mit Backpapier belegtes Blech legen.

Im heißen Backofen bei 180 °C Ober-/Unterhitze ca. 25 Minuten backen.

Variante: Sehr gut schmecken diese Stangen auch, wenn man statt Fliegen Ohrenschmalz verwendet. Dafür braucht man dann ca. 180 g. Frühes Sammeln lohnt sich.

Malzbier-Fliegengulasch aus dem Schnellkochtopf

500 g	Fliegengulasch (Einfach in der Zoohandlung nachfragen)
3	Gemüsezwiebel(n)
2 EL	Butterschmalz
1 EL	Senf
1 EL	Tomatenmark
250 ml	Malzbier
1 TL	Salz
1 TL	Pfeffer, gemahlen
1 TL	Paprikapulver, edelsüß
n. B.	Saucenbinder, dunkel

Das Butterschmalz im Schnellkochtopf erhitzen. Die Gemüsezwiebeln achteln und anbraten. Dann das Gulasch dazugeben, scharf anbraten und mit Salz, Pfeffer und Paprikapulver würzen. Wenn die Fliegen eine schöne Farbe angenommen haben und das Wasser verdampft ist, den Senf und das Tomatenmark dazugeben und kurz weiterbraten lassen. Anschließend die Insekten mit dem Malzbier ablöschen.

Den Deckel unter Druck auf dem 2. Ring auf den Schnellkochtopf setzen und das Gulasch ca. 30 Minuten schmoren lassen. Anschließend das Gulasch nach Bedarf mit etwas Soßenbinder andicken.

Als Beilage passen Spätzle oder Knödel und ein grüner Salat.

Der geflügelte Blattgoldburger

300 g	Fruchtfliegen
2 EL	Olivenöl
1	Römersalat
20	Blattgoldstreifen (1,1 g)
150 g	Tomate(n), (2 - 3 Stück)
2	Zwiebel(n)
3 EL	Mayonnaise
1 ½ EL	Tomatenketchup
	Salz und Pfeffer
4 Scheibe/n	Frühstücksspeck
2	Burger Buns

Fruchtfliegen zu 2 flachen Buletten formen. Buletten auf einen geölten Teller legen, mit je 1 TL Öl beträufeln und 10 Min. einfrieren. Den Ofen auf 180 Grad (Umluft 160 Grad) vorheizen.

In der Zwischenzeit Römersalat putzen. Tomaten in Scheiben schneiden. Zwiebel in Ringe schneiden. Mayonnaise mit Ketchup und Blattgoldfetzen verrühren.

Mit Salz und Pfeffer würzen.

Speck und Zwiebeln in einer heißen
Pfanne in 1 EL Öl knusprig braten, auf
Küchenpapier abtropfen lassen und im
Ofen warmhalten. Burgerbrötchen 5 Min.
im Ofen aufbacken. ½ EL Öl in der
Pfanne im Speckfett erhitzen. Buletten
darin bei mittlerer bis starker Hitze auf
jeder Seite 3 - 4 Min. braten. Mit Salz und
Pfeffer würzen.

Burgerbrötchen mit der Mayo-
Ketchupmischung bestreichen. Mit
Römersalat, Buletten, Tomaten, Speck
und Zwiebeln belegen und die Deckel
daraufsetzen.

Tandoori Masala Fruit Fly Curry

1 kg	Fruchtfliegenbatzen, in mundgerechte Stückchen gerollt.

Für die Marinade:

200 g	Joghurt, griechischer
3 EL	Tandoori masala
1 TL	Korianderpulver
3 Zehe/n	Knoblauch, gepresst
3 cm	Ingwer, geraffelt

Für die Gewürzmischung:

1 EL	Tandoori masala
2 TL	Korianderpulver
2 TL	Garam Masala
2 TL	Currypulver
2 TL	Paprikapulver
2 TL	Cayennepfeffer
2 TL	Ingwerpulver
1 TL	Salz

Für die Sauce:

6 EL	Ghee oder Pflanzenöl
1 Stange/n	Zimt
5	Gewürznelke(n)
5	Kardamomkapsel(n)
4 m.-große	Zwiebel(n)

Für die Sauce:

1 EL	Zucker, braun
1	Chilischote(n), gehackt
3 Zehe/n	Knoblauch, gepresst
3 cm	Ingwer, geraffelt
1 EL	Tomatenmark
1 Dose	Tomate(n), stückig
200 ml	Wasser

Das Spezielle an diesem leckeren Rezept ist, dass die Fliegenbatzen (im Ofen) und die Currysauce (im Wok) getrennt zubereitet werden und erst zum Schluss miteinander vermischt werden.

Mundgerechte Fruchtfliegenbatzen in eine Schüssel oder eine Tupperdose geben. Dann Joghurt, Tandoori masala, Korianderpulver, gepresster Knoblauch und geraffelter Ingwer dazugeben und gut miteinander vermischen. Abgedeckt im Kühlschrank mindestens drei Stunden oder über Nacht marinieren lassen.

Für die Gewürzmischung Tandori masala, Garam masala, Currypulver, Korianderpulver, Paprikapulver,

Cayennepfeffer, Ingwerpulver und Salz vermischen und zur Seite stellen.

Nun für die Sauce Ghee/Pflanzenöl in einem Wok oder in einer Pfanne erhitzen und Zimt, Gewürznelken und Kardamomkapseln einige Minute bei tiefer Temperatur andünsten, sodass das Öl den Geschmack der Gewürze annimmt. Gewürze entfernen, wer Kardamom mag, kann die Kapseln auch drin lassen, ich persönlich nehme sie aber raus.

Zwiebeln im Öl andünsten und nach einigen Minuten den braunen Zucker dazugeben und die Zwiebeln etwas karamellisieren lassen. Nun Chilischote, Knoblauch und Ingwer hinzufügen und ebenfalls andünsten. Hitze auf Minimum stellen und nun den Pfanneninhalt in Richtung Rand schieben, sodass in der Mitte eine freie Zone entsteht, in der anschließend die vorher zubereitete Gewürzmischung und das Tomatenmark angebraten werden. Hitze langsam erhöhen und Gewürze und Tomatenmark etwas verrühren. Nach circa drei Minuten die Dosentomaten hinzufügen und alle Zutaten gut miteinander verrühren. Wasser hinzufügen und die Sauce rund 20 Minuten leicht köcheln lassen. Die Sauce zwischendurch probieren und je nach Geschmack und gewünschter Konsistenz mehr Gewürze oder Wasser hinzufügen (sollte beides aber eigentlich nicht nötig sein).

Sobald alle Zutaten für die Sauce in der Pfanne sind (aber vor dem Köcheln lassen), die Fruchtfliegen-Gewürz-Mischung auf ein Backblech legen und im vorgeheizten Ofen bei 220 Grad Umluft circa 20 Minuten goldbraun backen. Wenn nötig, die klare Sauce, die entstehen kann, abgießen, sodass die Batzen nicht in der Sauce schwimmen und schön knusprig werden können. Alternativ kann der Batzen auch auf dem Grill auf einer Aluplatte geschmort werden.

Nun die Fruchtfliegenbatzen zur Sauce geben und während fünf Minuten köcheln lassen. Mit Reis und/oder Naan servieren.

Bei diesem Rezept handelt es sich um ein Grundrezept, das nach Belieben erweitert werden kann. So können zum Beispiel einige frische Curryblätter, 2 TL Mangochutney oder 1 TL Tamarindenpaste zur Sauce gegeben werden oder man kann zum Schluss das Mahl mit frischem Koriander dekorieren.

Japanisch gegrillter Fruchtfliegenfladen mit Teriyakisauce

Für den Fruchtfliegenfladen:

4	Handvoll Fruchtfliegen

Für die Teriyakisauce:

2 TL	Zucker
2 EL	Sake, alternativ Weißwein oder milder Sherry
2 EL	Mirin
4 EL	Sojasauce, japanische

Außerdem:

1 Pck.	Kresse
15 cm	Rettich(e), weißer
	Öl zum Braten

Die frischen Fruchtfliegen abtupfen und wenn möglich Beinchen entfernen. (Vorsicht! Einzelne Körper dürfen dabei nicht auseinanderfallen!) Dann mit genug Eigensekret zu einer Masse quetschen und rollen.

Für die Teriyakisauce alle Zutaten, bis

einschließlich Sojasauce, miteinander verrühren, bis sich der Zucker aufgelöst hat (geht am besten, wenn man die Zutaten leicht erwärmt.) Die Fladen in der Sauce ca. 10 min marinieren. Dabei häufig wenden.

Die Kresse waschen und abtropfen lassen, den Rettich reiben.

Bei der Zubereitung auf dem (Elektro-)Grill: Die Fladen etwas abtropfen lassen, die Marinade jedoch aufbewahren und die Fliegenmasse auf den Rost legen. Jede Seite ca. 3 min grillen, dabei ab und zu mit der Marinade bepinseln.

Bei der Zubereitung in der Pfanne: Etwas Öl in der Pfanne erhitzen, dann den Fladen ebenfalls ca. 3 min von jeder Seite braten. Überflüssiges Öl abgießen und die restliche Marinade in die Pfanne geben. Aufkochen lassen und die Fliegenmasse noch einige Minuten in der Soße gar ziehen lassen.

Die Fladen auf 4 Teller verteilen und mit dem Bratenfond bzw. der restlichen

Marinade übergießen. Mit Kresse und geriebenem Rettich garnieren.

Dazu schmeckt Reis und Salat!

Bemerkung: Selbstverständlich ist man bei diesem Gericht nicht auf Fruchtfliegen beschränkt. Ich verwende alternativ auch oft Tausendfüßler oder OmmaLangbeins. Denkbar sind ebenfalls z.B. Weinbergschnecken oder auch eine Masse aus abgestorbenen Menschenfleisch, wie Schuppen usw..

Oma Hautbergs Kohlsäcke

1 ½ kg	Weißkohl oder Wirsing
750 g	Zusammengematschte Fruchtfliegen
1 m.-großes	Ei(er)
1	Brötchen, vom Vortag
1 m.-große	Zwiebel(n)
1 TL	Salz
½ TL	Pfeffer
1 TL	Kümmel
3 EL	Schinken, gewürfelt vom rohen Schinken
	Öl, oder Butterschmalz für die Pfanne
1 Liter	Fleischbrühe oder Gemüsebrühe
n. B.	Saucenbinder oder Speisestärke

Für den Fliegenteig:
Zwiebel abziehen und in kleine Würfel schneiden. Brötchen mit etwas Wasser einweichen. Nach einigen Minuten gut

ausdrücken. Beide Zutaten zusammen
mit dem Fruchtfliegen, Ei, Salz,
Pfeffer zu einem geschmeidigen Teig
verarbeiten. Bei Bedarf mit Salz und
Pfeffer nachwürzen. Anschließend kühl
stellen.

Die äußeren Blätter vom Kohl entfernen
und den Strunk mit einem scharfen
Messer entfernen - soweit es möglich ist.
Nun den Kohl in einen Topf geben und
mit soviel Wasser übergießen, bis er fast
bedeckt ist. Einmal aufkochen lassen,
dann die Hitze abschalten und noch
einige Minuten ziehen lassen.
Den Kohl herausnehmen und die
äußeren Blätter nach Bedarf abmachen.
Die Blätter auf ein Küchentuch legen. Die
dicken Blattrippen flachschneiden.
Dies solange wiederholen, bis soviel
Blätter da sind, wie benötigt werden. Ich
nehme 2 Blätter je Roulade.

1 großes und ein kleines Kohlblatt
aufeinander legen und etwa 2 gehäufte
EL Fliegenteig pro Roulade darauf und zu
einem kleinen Paket zusammenrollen. Mit
einem Bindfaden oder Zahnstocher

verschließen.

Das Fett in einer Pfanne erhitzen und die Schinkenwürfel, den Kümmel und die Kohlroulade von allen Seiten darin braun anbraten. Die Rouladen herausnehmen und in einen großen Topf legen.

Den restlichen Kohl in Stücke schneiden und genau so wie die Rouladen anbraten. Mit der Fleischbrühe auffüllen und zu den Kohlrouladen geben. Aufkochen lassen und dann auf kleiner Flamme ca. 45 Min schmoren.

Die Kohlrouladen rausnehmen, die Brühe im Topf etwas einkochen lassen und mit Speisestärke oder Soßenbinder andicken.

Es soll eine sämige Soße sein, nun die Rouladen dazugeben und in der Soße etwas ziehen lassen.

Dazu passen Salzkartoffeln sehr gut.

Gefülltes Fruchtfliegen-Baguette

1 großes	Baguette(s)
2	Hände voll Fruchtfliegen
5 ½ EL	Butter
3 Handvoll	Babyspinat
1	Zwiebel(n)
1	Knoblauchzehe(n)
120 g	Käse, gerieben (z. B. Cheddar oder Gouda)
350 ml	Milch
4 EL	Mehl
1	Knoblauchzehe(n)
	Salz und Pfeffer
3 Stiele	Petersilie, fein gehackt

Backofen auf 170 Grad vorheizen.
Aus dem Baguette über die gesamte
Länge einen Keil ausschneiden,
herausnehmen und noch etwas mehr
Teig entfernen, damit später genügend
Platz zum Befüllen ist.

1,5 EL Butter in einer Pfanne erhitzen und

die Fruchtfliegen rundherum anbraten. Aus der Pfanne nehmen und im selben Fett den Babyspinat andünsten.

In einer zweiten Pfanne die restliche Butter erhitzen und gewürfelte Zwiebeln und Knoblauch glasig dünsten. Mehl einstreuen und unter Rühren kurz anrösten. Nach und nach mit einem Schneebesen die Milch einrühren, damit keine Klümpchen entstehen. Mit Salz und Pfeffer würzen. Den Herd ausschalten und Lachs und Spinat unterheben. Die Fliegenmischung in die Vertiefung des Baguettes füllen und mit dem Käse bestreuen. Im vorgeheizten Ofen 20 - 25 min goldgelb überbacken.

Kurz abkühlen lassen, mit gehackter Petersilie bestreuen und in Stücke schneiden.